THIS BOOK IS A GIFT
FROM THE
TEXAS BOOK FESTIVAL 2012

S0-ARL-637

185885

La vida en
LAS REGIONES POLARES

Tea Benduhn

Consultora de lectura: Susan Nations, M. Ed., autora/
tutora de alfabetización/consultora

WEEKLY READER®
PUBLISHING

Elgin Public Library
404 North Main Street
Elgin, Texas 78621

Please visit our web site at: www.garethstevens.com
For a free color catalog describing our list of high-quality books,
call 1-800-542-2595 (USA) or 1-800-387-3178 (Canada).

Library of Congress Cataloging-in-Publication Data

Benduhn, Tea.
    [Living in polar regions. Spanish]
    La vida al límite regiones polares / Tea Benduhn.
       p. cm. — (La vida al límite)
    Includes index.
    ISBN-10: 0-8368-8353-5 (lib. bdg.)
    ISBN-13: 978-0-8368-8353-4 (lib. bdg.)
    ISBN-10: 0-8368-8358-6 (softcover)
    ISBN-13: 978-0-8368-8358-9 (softcover)
    1. Polar regions—Juvenile literature. 2. Polar regions—Social life and
customs—Juvenile literature. I. Title.
    G587.B4618   2008
    910.911—dc22   2007022452

This edition first published in 2008 by
Weekly Reader® Books
An imprint of Gareth Stevens Publishing
1 Reader's Digest Road
Pleasantville, NY 10570-7000 USA

Copyright © 2008 by Gareth Stevens, Inc.

Managing editor: Mark Sachner
Art direction: Tammy West
Picture research: Sabrina Crewe
Production: Jessica Yanke
Spanish translation: Tatiana Acosta and Guillermo Gutiérrez

Picture credits: cover, title page Dean Conger/National Geographic/Getty Images; p. 5 © Galen Rowell/
Corbis; pp. 6, 7 Scott Krall/© Gareth Stevens, Inc.; p. 9 Theo Allofs/Riser/Getty Images; p. 10 Tatyana
Makeyeva/AFP/Getty Images; p. 11 © Graham Neden/Ecoscene/Corbis; p. 13 Bill Curtsinger/National
Geographic/Getty Images; p. 14 © Hans Reinhard/ Zefa/Corbis; p. 15 Ralph Crane/Time & Life Pictures/
Getty Images; p. 16 © Layne Kennedy/Corbis; p. 17 Richard Olsenius/National Geographic/Getty Images;
p. 19 © Gary Braasch/Corbis; p. 20 NASA; p. 21 AFP/Getty Images.

All rights reserved. No part of this book may be reproduced, stored in a retrieval system, or transmitted in
any form or by any means, electronic, mechanical, photocopying, recording, or otherwise, without the prior
written permission of the copyright holder.

Printed in the United States of America

1 2 3 4 5 6 7 8 9 11 10 09 08 07

CONTENIDO

Cubierta y portada: En el Ártico se usan renos para tirar de los trineos.

CAPÍTULO *1*

Bienvenidos a las regiones polares

La temperatura está por debajo de la congelación.
Todo lo que puedes ver en muchas millas es hielo, nieve
y cielo. No hay edificios ni árboles. No hay gente. Si no
encuentras donde refugiarte, puedes morir de frío.
¿Dónde estás? ¡Estás en una región polar!

La Tierra tiene dos regiones polares. Son las áreas que rodean al Polo Norte y al Polo Sur. En toda la Tierra no hay un lugar tan frío. Muy pocas plantas crecen en esas regiones, y muy pocos animales viven en ellas. Casi nadie vive en las regiones polares. Las regiones polares son lugares **extremos**.

La Antártida es una región polar. Puede ser un lugar muy solitario.

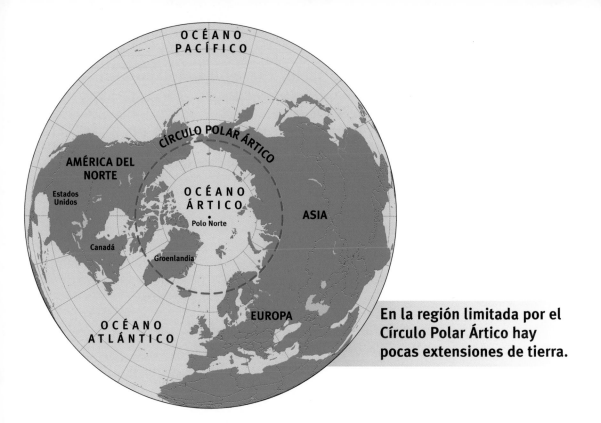

En la región limitada por el Círculo Polar Ártico hay pocas extensiones de tierra.

El área que rodea al Polo Norte recibe el nombre de Círculo Polar Ártico. La mayor parte de esa zona es un océano helado. La única extensión de tierra se encuentra en los bordes, y está formada por partes de Europa, Asia y América del Norte. La mayor parte de Groenlandia está dentro del Círculo Polar Ártico.

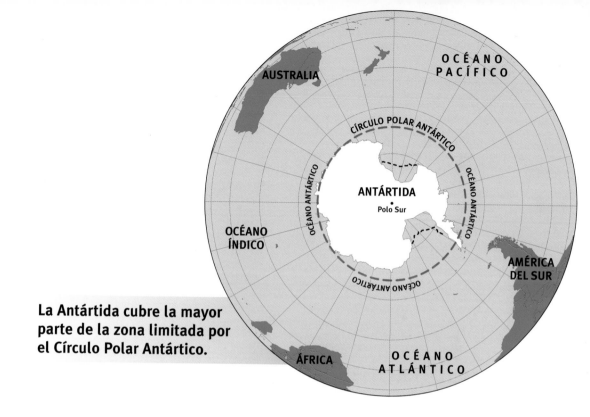

La Antártida cubre la mayor parte de la zona limitada por el Círculo Polar Antártico.

El Polo Sur se encuentra en el continente de la Antártida. La mayor parte de la zona limitada por el Círculo Polar Antártico es tierra. Nadie vive en la Antártida todo el año, y su territorio no pertenece a ninguna nación. Muchas de las naciones del mundo colaboran para **proteger** el **medio ambiente** antártico.

CAPÍTULO 2

Los habitantes de las regiones polares

La temperatura más baja registrada en la Tierra se dio en una región polar. ¡La temperatura bajó a los -129° Fahrenheit (-89° Celsius)! La gente que vive y trabaja en las regiones polares no teme a su clima tan extremo. Muchos pueblos consiguen lo que necesitan para sobrevivir cazando aves y otros animales y pescando. Algunos de esos pueblos se han adaptado a la vida en las regiones polares.

Durante cientos de años, pueblos **indígenas** han vivido en el Círculo Polar Ártico. Cada uno de estos pueblos tiene su propio modo de vida. Caza diferentes animales y construye diferentes tipos de vivienda. En América del Norte, por ejemplo, muchos inuits construyen viviendas con forma de bóveda.

Hoy en día, muchos inuits siguen construyendo viviendas con forma de bóveda que utilizan en sus expediciones de caza o pesca. La entrada es un túnel subterráneo que no permite la entrada de aire frío.

Estos nenets dependen de los renos para alimentarse, construir sus viviendas y desplazarse por su territorio en el norte de Rusia.

Los habitantes del Círculo Polar Ártico **dependen** de los animales que cazan. El pueblo nenet, por ejemplo, vive en el norte de Rusia. Los nenets siguen a los renos, que se desplazan hacia el norte en verano y hacia el sur en invierno. Algunos nenets aún construyen sus viviendas con palos y pieles de reno. Las viviendas se desmontan y se pueden cargar en trineos tirados por renos.

Hasta épocas **recientes,** nadie vivía en la Antártida. Hoy, científicos de todo el mundo permanecen allí durante parte del año. Viven en estaciones de investigación que han construido, y estudian el clima, el terreno y la vida salvaje de la Antártida.

Los científicos usan máquinas capaces de soportar el frío extremo.

CAPÍTULO 3

La vida en las regiones polares

En las regiones polares, el terreno está helado la mayor parte del año. Muy pocas plantas pueden crecer, y los habitantes de estas zonas no se dedican a la agricultura. Las únicas plantas que crecen son pequeñas, como el musgo. A pesar de su tamaño, estas plantas sirven de alimento a los animales. Los seres humanos cazan a estos animales para obtener los **nutrientes** que necesitan.

Hace mucho tiempo, las ballenas eran muy importantes para el modo de vida de los inuits.

Los inuits cazan muchos tipos de animales, incluyendo alces y caribúes. En la costa, pescan muchos tipos de peces. Hace mucho tiempo, los inuits cazaban ballenas y focas. Usaban la grasa de estos animales para hacer aceite que quemaban para calentarse. Para cazar a estos animales, los inuits tenían unas reglas especiales. Según sus creencias, sólo podían cazarlos si los trataban con **respeto**.

Los samis viven en Noruega, Suecia, Finlandia y Rusia. Son **pastores** de renos. Como los nenets, los samis aprovechan todas las partes del reno. Beben leche de reno y comen su carne. Usan pieles de reno para hacer ropa abrigada.

Los samis se visten con ropas vistosas que ellos mismos fabrican.

Para los inuits y otros pueblos del Ártico, la familia es importante. Los inuits aprenden todo lo que necesitan saber de sus **ancianos**. Éstos transmiten a los jóvenes conocimientos sobre el tiempo, les enseñan a cazar y les dan importantes lecciones para la vida.

Los ancianos inuits enseñan a los niños cómo pescar.

Elgin Public Library

¡Los perros siberianos son muy buenos para tirar de los trineos! Su denso pelaje los protege del frío.

Las regiones polares están casi totalmente cubiertas de hielo y nieve. Desplazarse puede ser difícil. Para caminar, algunas personas llevan raquetas de nieve, parecidas a unas raquetas de tenis. Desde hace cientos de años, los habitantes del Ártico han usado trineos para viajar. Para tirar de los trineos han empleado perros siberianos, renos o caribúes.

Hoy en día, la mayoría de la gente usa máquinas modernas para viajar en las regiones polares. Los científicos llegan en enormes barcos. La gente vuela en **helicópteros**. En lugar de trineos, se usan motos de nieve. Estas máquinas permiten desplazarse con rapidez, pero gastan gasolina y aceite, y **contaminan** el aire.

Las motos de nieve pueden dañar el terreno que está bajo la nieve y el hielo, y dificultar el crecimiento de plantas en el verano.

CAPÍTULO *4*

Los seres humanos y las regiones polares, hoy

Las regiones polares tienen muchos recursos. Hay compañías que hacen perforaciones para sacar petróleo en Alaska, y que extraen gas natural en el norte de Rusia. También se buscan **minerales** en muchas áreas del Círculo Polar Ártico. La vida salvaje de estas regiones está en peligro de desaparecer. Estas actividades interfieren con la manera de vivir y trabajar de los pueblos del Ártico.

La minería y las perforaciones para buscar petróleo y gas producen **contaminación**. Las compañías construyen oleoductos que cubren cientos de millas. A través de ellos, envían petróleo a enormes **superpetroleros**. A veces, las tuberías tienen fugas o los superpetroleros sufren vertidos. El petróleo vertido daña el medio y puede matar animales.

Cuando se produce un vertido de petróleo, es necesario limpiarlo. Voluntarios tratan de salvar a los animales salvajes limpiándolos de petróleo.

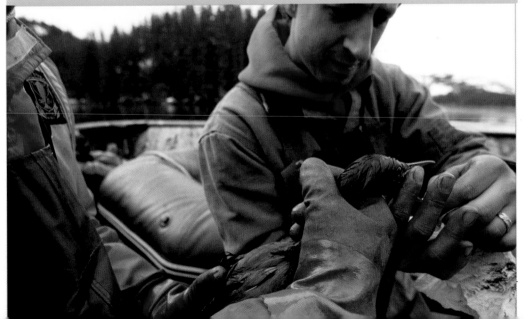

Estas fotografías, tomadas desde el espacio, muestran la cantidad de hielo que se ha derretido en la zona que rodea al Polo Norte desde el verano de 1979 (izquierda) hasta el verano de 2003 (derecha).

El uso de petróleo y gas puede producir un **calentamiento global**. Este calentamiento hace que el hielo de las regiones polares se derrita. El hielo derretido puede hacer que aumente la temperatura de los océanos. Si una cantidad de hielo polar suficiente se derrite, el nivel de los mares puede subir. Ciudades costeras, como Nueva York, pueden correr el riesgo de inundarse.

Los científicos quieren proteger las regiones polares.
Hoy en día, muchos científicos estudian el clima desde
la Antártida. Su objetivo es encontrar maneras de frenar
el calentamiento global. Muchas naciones tratan de que
disminuya la contaminación. Proteger las regiones
polares podría contribuir a salvar nuestro planeta.

Estos científicos están tomando muestras del hielo de la Antártida.

Glosario

ancianos — personas mayores que, por su edad, tienen muchos conocimientos

calentamiento global — calentamiento de la Tierra producido por gases liberados en la atmósfera. Estos gases retienen el calor y hacen que suba la temperatura de la Tierra.

clima — condiciones atmosféricas y de temperatura que caracterizan una zona

contaminación — restos de actividades humanas que dañan el medio ambiente

contaminar — dañar el medio ambiente con restos de las actividades humanas

extremo — que tiene algo, como el frío, en mayor grado de lo habitual

indígenas — relativo a personas, animales o plantas originarios de un cierto lugar

medio ambiente — un lugar y sus características naturales

minerales — sustancias diferentes de las plantas que se extraen del suelo

nutrientes — sustancias que ayudan a crecer a los seres vivos

pastores — personas que reúnen ganado

recursos — bienes naturales que la gente usa para mejorar su vida

respeto — aprecio y consideración

superpetroleros — enormes barcos que transportan petróleo

Más información

Libros

De polo a polo. Mundo natural (series). Paul Bennett (Silver Dolphin)

Groenlandia: La isla más grande del mundo. Maravillas naturales (series). Joanne Mattern (PowerKids Press)

What Polar Animals Eat/¿Qué comen los animales de los polos? Nature's Food Chains/Las cadenas alimentarias en la naturaleza (series). Joanne Mattern (Gareth Stevens)

Índice

Información sobre la autora

Tea Benduhn escribe y corrige libros para niños y adolescentes.
Vive en el bello estado de Wisconsin con su esposo y dos gatos.
Las paredes de su casa están cubiertas de estanterías con libros.
Tea dice: "Leo todos los días. ¡Es más divertido que ver
televisión!".

4.70